Le livre des formes de Petit Lapin brun

Alan Baker

Texte français de Lucie Duchesne

Héritage jeunesse gamma jeunesse

Publié par Kingfisher Books,
Grisewood & Dempsey Inc.

Version française :

Dépôts légaux : 3e trimestre 1994
ISBN : 2-7625-7820-5

Exclusivité en Europe :
Éditions Gamma Jeunesse, Tournai, 1994
D/1994/0195/94
ISBN : 2-7130-1707-6

Imprimé à Singapour

Un jour, Petit Lapin brun
reçoit un colis. Le papier
d'emballage est décoré
de triangles rouge vif.

La carte a la forme d'un rectangle. Petit Lapin lit : « Pour Petit Lapin brun ».

Petit Lapin retire le papier
d'emballage. Il découvre
une boîte carrée
et il l'ouvre.

À l'intérieur,
il trouve un
cylindre...

... avec un couvercle
rond. Petit Lapin
enlève le couvercle.

Et il trouve cinq
ballons tout plats,
de couleurs
différentes.

De jolis ballons
à gonfler.

Petit Lapin gonfle le ballon rouge.
Il est très gros et tout rond.

Et hop ! Le ballon s'envole.

Le ballon orange est
ovale, comme un œuf.

Et hop ! Le ballon s'envole.

Le ballon vert est très l o n g,
en forme de saucisse.
Petit Lapin ne parvient
pas à le retenir. Et hop !
Le ballon s'envole.

Le ballon violet
est plus petit et a la
forme d'une poire.

Petit Lapin continue à le gonfler,
mais... PAF ! Le ballon éclate.

Le dernier ballon
est multicolore, très
l o n g et tout ondulé.

Et hop !
Le ballon s'envole.

Pfff... Pfff... Pffffff !

« Au revoir, beaux ballons
de toutes les formes.
Je n'ai plus la force
de vous regonfler »,
pense Petit Lapin.

Il range le cylindre et son
couvercle dans la boîte.

Et Petit Lapin, en forme de
lapin, s'endort dans la boîte.